U0651734

凯瑟琳·奥佩
《日出》2009

安静

[挪]艾林·卡格——著

邹雯燕——译

Erling Kagge

Stillhet
i støyens tid

在喧嚣的时代，体会将世界关在门外的乐趣

湖南文艺出版社
HUNAN LITERATURE AND ART PUBLISHING HOUSE

博集天卷
CS-BOOKY

第 一 部 分

———

PART ONE

每当我不能出门散步、爬山、出海，逃离这个世界，我就把它关在门外。

　　学会这一点颇费了一些时间。从我意识到我深深地需要安静的那一刻起，我开始寻找它。我知道，在刺耳的交通噪声、纷繁的念头、音乐、机器、苹果手机和铲雪机的声音背后，安静在等着我。

就在不久前，我尝试说服我的三个女儿，世界的秘密就藏在安静之中。那天是星期天，当时我们围坐在厨房的餐桌边吃着晚餐。那一星期里，只有那一天我们大家都有时间坐下来一起吃饭，面对面地聊聊天。其他时候总有太多别的安排。

女儿们用怀疑的眼光看着我：安静根本算不上什么吧？我还没来得及解释说安静可以成为她们的朋友，它比她们喜欢的马克·雅各布斯包包更有价值，她们已经给出了结论：心情不好的时候，能安静地待会儿确实不错。除此之外，安静毫无价值。

那一刻，我想起了她们还是好奇宝宝的时光。那时候她们对于门后藏着什么是多么好奇啊！小家伙们盯着电灯开关，满眼惊奇地叫我"把灯打开"。

问与答，问与答。好奇是生命的动力。我的三个孩子现在分别是十三、十六和十九岁，她们越来越少感到好奇。偶尔她们会好奇某事，然后很快拿出智能手机，搜索答案。她们的好奇心还没完全消失，但脸上已经没有多少孩子气，她们的头脑里装的更多是野心，而不是问题。她们没有兴趣谈论安静这个话题。所以，我决定讲一个能凸显安静的价值的故事。

我的两个朋友决定攀登喜马拉雅山。清晨，他们离开营地，开始攀登西南坡。一路都很顺利，他们俩成功登顶了。就在这时，风暴来了。他们很快发现自己不可能活着下山了。其中一个人用卫星电话联系上了怀孕的妻子。他们一起决定了她肚子里的孩子的名字。之后他就在离山顶不远的地方安静地睡下了。另一个人在去世之前没联系上任何人。没有人确切地知道，那天下午在山顶发生过什么。不过，海拔八千米的山上干冷的气候把他们俩都冻干了。他们静静地躺在那里，不会再有任何变化，永远都是我二十二年前最后一次见到他们时的模样。

这一次，桌上没人说话。谁的手机响了，有一条新消息进来，但没人想去看手机。我们都沉浸在安静中。

在那之后不久，我受苏格兰圣安德鲁大学邀请去做一个演讲。他们让我自己决定主题。通常我会讲我去到世界尽头探险的旅程，但这一次，我想到了那顿周日晚餐。于是，我决定选择"安静"作为演讲的主题。我做了充分的准备，但演讲前还是感觉非常紧张。我觉得，也许这个主题只适合家庭周日晚餐，而不适合学生们？我倒不担心我会在十八分钟的演讲中被轰下台，只是希望听众能对我想说的话真正产生兴趣。

演讲一开始，我建议大家保持一分钟的安静。是那种死一般的安静。之后的十七分钟，我除了讲述我们周围的安静，还讲了更重要的，我们自身之中的安静。学生们一直没有发出声音，很认真地在听。

他们看上去像是在思念安静。

当天晚上，我和几个学生一起去了酒吧。在通风良好的入口处，我们每人面前都摆着一杯酒，就像我当年在英国上学的时候一样。友善而有好奇心的人群，愉悦的气氛，有意思的对话。什么是安静？在哪里可以找到安静？为何现在安静比以往更有价值？这是他们想了解的三个问题。

我非常珍惜那个夜晚，不仅仅是因为那天的聚会很开心，也因为那些学生让我意识到，我了解的东西其实很少。回家以后，我无法停止思考这三个问题。我着了魔。我开始写作、思考、阅读，更多是为了我自己。一个又一个夜晚，我颠来倒去琢磨这三个问题。

最终，我试着给出了三十三个答案。

第 二 部 分

———

PART TWO

1

对探险者而言，好奇非常重要。这是我所能想象的最纯粹的一种快乐。我特别喜欢这种感觉。我时常会感到好奇，几乎可以说是随时随地：无论是在旅行、阅读、遇到什么人的时候，还是在坐下来写作、感觉到心脏跳动、看到太阳升起的时候，都是如此。我认为好奇是我们与生俱来的最强大的力量，也是最好的天赋。我不仅在探险途中时时感受到好奇，在我当父亲和出版人的时候，也是一样。我享受它，希望不被打扰地享受它。

科学家能够发现真理。我也希望自己能发现真理，但我知道这并不适合我。从以前到现在，我对几乎所有事情的看法都发生过变化。我的好奇很多时候只是因为好奇本身。它自己就是目的。一段小小的发现之旅。当然，有的时候它也会自然而然地带来更多的知识。

另外一些时候，好奇并非我的自主选择，是它不肯放过我。一些念头和过去不愉快的事情会不由自主地浮出水面，就像堵在我的胃里一样，让我无法停止去想它可能会是怎样。

有一次，我堂姐来家里吃晚饭，送了我一本约恩·福瑟①的诗集。她走之后，我躺在床上翻看这本

---

① 挪威当代著名剧作家、诗人，曾获得"国际易卜生奖"，是诺贝尔文学奖提名呼声很高的作家。

书。快要关灯睡觉的时候，我看到了这句话：有种爱，没有人记得。他想说什么？隐匿的、看不见的爱吗？他是不是在说安静呢？我放下书，躺在床上思考。好的诗歌经常让我想起那些伟大的探险家。他选择正确的字句，点燃我的思考，就像我小时候读到的那些探险家的日记一样。我在睡着之前决定第二天一早起来就给福瑟写信，问问他是怎么想的。

"从某种程度上说，安静会说话。"我写给福瑟的邮件才发出六分钟，就收到了回信。就像他一直在等着我这封信似的。但事实当然不是这样，我和他很久都没联系了。

安静确实会说话。它不但会说话，你还要和它对话，才能完全引出潜藏在它之中的力量。"或许是因为安静中包含好奇，但它也有自己的力量，是的，就像是在大海或无垠的雪原上一样。如果你不为这种力量感到好奇，就会对此心生恐惧。为什么会有那么多人害怕安静（以及，为什么无论我们身在何处都能听到音乐），这大概就是原因所在。"

我体会过福瑟说的这种恐惧。我不知道它具体是对什么的恐惧。但它让我无法专注于当下，必须做点什么来逃避安静。我会发短信，放音乐，听广播，或是开始胡思乱想，而不是静下来，在那一刻把世界关在门外。

我觉得福瑟没有定义的那种恐惧正是对更深入地了解自己的恐惧。我的懦弱让我想要回避它。

2

　　南极是我去过的最安静的地方。我孤身前往南极点，在广袤而单调的风景中，除了我自己弄出的声音，没有任何别的人造的声音。独自一人行走在冰面上，深入无垠的白色王国，我能听到并感觉到安静。

　　由北向南穿越世界上最冷的大陆，所有的一切都是白色的平面，一公里又一公里，向着地平线延伸。

在你脚下，是压在地表的三千万立方公里的冰。

　　不过，在独自度过那么长时间后，我开始发现没有什么东西是完全平的。冰和雪构成大大小小抽象的形状，单调的白色变成了无数有细微差别的白色。雪呈现微微的蓝色，加上一点点红色、绿色和粉色。我感觉到自然在不断变化，但是我错了，我周围的景物没有变，是我变了。"在挪威的时候，我只会享受那些大的东西。到了这里，我学会了享受小小的快乐。雪原上细微的颜色变化。风。云的形状。安静。"在旅程的第二十二天，我在日记里写下了这样的话。

　　小的时候，我总觉得蜗牛很神奇，因为它一直把家背在背上。在南极的这次探险中，我更加感受到了蜗牛的神奇。在整个旅程中，我所需的食物、装备和燃料都装在一个大包裹里拖在身后。我没有开口说过话，一直保持沉默。五十个日夜里，我没

. 14 .

有无线电或是网络，也没有带任何活的东西。我每天不断向南前行。哪怕是在因为绳子断掉或是差点掉到裂缝里而无比愤怒的时候，我都忍住了骂脏话的冲动（说脏话会把你整个人往下拉，让你的情绪变得更坏。所以，我在探险的时候从来不骂脏话）。

在挪威的时候，你身边总会有车经过，有电话在响，铃声或是振动，有人说话，低声细语或是大喊大叫。周围的声音多到你听不过来。但在这里，一切是那么不同。自然化身安静与我交谈。越安静，我能听到的就越多。

当我停下来休息的时候，如果风不猛烈，我就能体验到那种震耳欲聋的安静。当风停下的时候，连雪花也显得那么安静。我越来越关注我所在的世界。我不被任何东西干扰，脑海中只有自己的想象和想法。未来不再重要，我也不再留意过去。我体会到的是我生命中的此刻。哲学家马丁·海德格尔说过，世界在你进入其中的时候就消失了。这正是发生在我身上的事情。

　　我感觉到，我就是周围环境的延伸。没有人和我说话，我就和大自然对话。我脑中的想法越过原野，向着高山而去，另一些想法则被送到我耳中。

　　在南极探险日记里，我写道：我们很容易觉得一片无法去旅行、去体验和见证的大陆没有价值。我们觉得一个地方的价值在于我们去到那里、拍下照片并和别人分享。"南极对绝大多数人来说依旧是遥远而陌生的。但当我来到这里，我希望它今后还能继续保持这样。我这么想不是因为我不希望更多人能得到和我一样的体验，而是我觉得南极的使命之一就是保留一块陌生之地。"在旅程的第二十七天，我写下了这些文字。我现在依然相信，我们需要知道，在这个世界上还有一些地方没有被彻底研究和了解，世界上还有一块大陆是神秘的，几乎没有被触碰过，"能让人依旧保有幻想"，南极对人类未来的最大价值之一就在于此。

到达南极点的秘诀无非是足够多次把一只脚放到另一只脚前面。从技术上说，这很容易。哪怕一只老鼠也能吃掉一头大象，只要它咬足够多口。困难在于，你得想要这么做。最大的挑战是每天早晨在零下五十摄氏度的温度下起床。无论是今天，还是在罗阿尔·阿蒙森[2]和罗伯特·斯科特[3]的年代都是如此。第二大挑战呢？是让自己能心平气和。

安静存在于我之中。与世界断开联系，只有我自己。我被迫回想我曾经有过的想法，甚至感觉。南极是世界上最大的荒原，这里由水组成，日照时间比加利福尼亚南部还要长。这里没有地方可以供你躲藏。在这里，我们在文明社会里习惯的善意的

---

② 罗阿尔·阿蒙森（1872—1928），挪威著名探险家，世界上第一个抵达南极点的人。

③ 罗伯特·斯科特（1868—1912），英国著名探险家，与阿蒙森竞赛做第一个抵达南极点的人。他晚于阿蒙森抵达南极点，很不幸在返程时遇难。

谎言或是半真半假的事实没有任何意义。

听上去，你可能会觉得我一路都在冥想。事实并不是这样。当寒冷和狂风袭来的时候，我好像在被撕扯。我冷到痛哭。鼻子、手指和脚趾慢慢变白，然后失去知觉。在肢体刚被冻伤的时候，你会感觉到疼痛，之后就感觉不到了。解冻的时候，疼痛会再次袭来。我把携带的所有能源都用于取暖了。解冻比冻伤更痛苦。不过，就在同一天，当我身体里储存了热量之后，我又有精力做白日梦了。

在南极点，有一个美国人建的基地。科学家和后勤人员在这里一待就是好几个月，与世隔绝。有一年，一共有九十九个人在基地过圣诞节。其中有一个人拿出九十九块石头，发给大家做圣诞礼物，自己也留了一块。这些人在好几个月里没见过一块石头。有些人甚至在超过一年的时间里只能看见冰和人造的东西。所有人都静静地坐着，观察和感受自己拿到的那块石头。他们把它握在手心里，感受着它。没有人说话。

3

在去南极点的路上，我想象有人从月球看向地球。没有声音能穿越三十九万公里的距离从地球到达那里，但他能看见我们的星球。如果他往南看，他就会看到一个穿着蓝色防风衣的男孩慢慢地深入冰原，到了晚上就搭个帐篷。第二天，他还是做一样的事情。一星期又一星期，他朝着一个方向滑雪前行。月亮上的人肯定会觉得我疯了。这个想法让我在独自前行时情绪有些低落。

有一天傍晚，当我准备结束一天的滑雪开始搭帐篷的时候，我抬头看了看天空。我想象那个在月亮上的人的目光投向了我的北方。在那里，他会看到数千，不，数百万人每天一大早离开自己的小房子，坐在车里，堵上几分钟或是一个小时，就像无声电影里那样。随后，他们来到一个大房子里，在之后的八个、十个甚至十二个小时里，坐在一块屏幕前，直到再次汇入拥堵的车流，回到自己小小的房子里。他们在那里吃晚餐，在每天晚上的同一时间看电视新闻。年复一年。

这让我突然意识到，随着时间流逝，唯一的区别无非就是，他们中的一些人和其他人相比，可以在晚上住大一点的房子。于是，那天晚上，当我解下雪板，开始搭帐篷的时候，我觉得心里更平静，更满意了。

4

在学校里，我学习过有关声波的知识。声音是一种物理存在，可以用分贝来计量。不过我觉得用数值来计量声音其实没什么意义。安静更多是一种想法，一种感觉，一种想象。你周围的安静可以包含很多东西。不过对我而言，最有讨论价值的安静存在于我的内心。从某种程度上说，这是我自己创造的安静。因此，我不再寻求周围绝对的安静。我想追求的安静不过是个人的一种体验罢了。

我问过一个足球前锋，在坐满了球迷的体育场上，触碰到球，准备射门得分的时候，他对声音的体验是怎样的。他告诉我，在他把球踢出去的那一刻，哪怕场上的声音震耳欲聋，他也什么都听不到。他自己是最先知道球进了的人，然后他发出欢呼声。在那之后的一瞬间，对他而言，全场好像还是没有声音。随后队友们也看到球越过了门线，他们和他一同庆祝。在那之后才是球迷们，所有人一同庆祝。整个过程大概也就一到两秒。

当然了，球场上永远都充满了高分贝的声音。

我相信所有人都能发现内心的安静。它一直都在那里，尽管我们周围充斥着各种声音。在大海深处，在波涛之下，你会找到安静。站在淋浴房里让水从头顶浇下来，盯着燃烧的火堆，在森林里的池塘中游泳，或者到荒原徒步，你都能体会到那种完美的安静。我深深地爱着它。

在奥斯陆，这会困难一些。我在城里上班，所以有时候我必须为自己创造安静。噪声太大的时候，我会把音乐开得更响，不是为了造成更多干扰，而是为了盖住别的声音。如果正好是我熟悉的音乐，就会有用。严格来说，如果意愿足够强，我相信你哪怕在奥斯陆机场的行李传送带旁都能体验到安静。有个朋友告诉我，他只有在开车的时候才能确确实实地体验到安静。挪威有句谚语，重要的不是怎么获得，而是怎么面对。不过，对我而言，在大自然中获得的安静最有价值。在大自然中，我最能体会到回家的感觉。如果无法将在大自然中获得的安静体验带回都市生活中，我会因为太想念那种体验，更频繁地回到大自然中。

在北极的冰面上向着北方进发的时候，时不时会听到各种声音。北极是一片被大陆环抱的海，这与被海环抱的南极大陆正好相反。北冰洋深三千米，

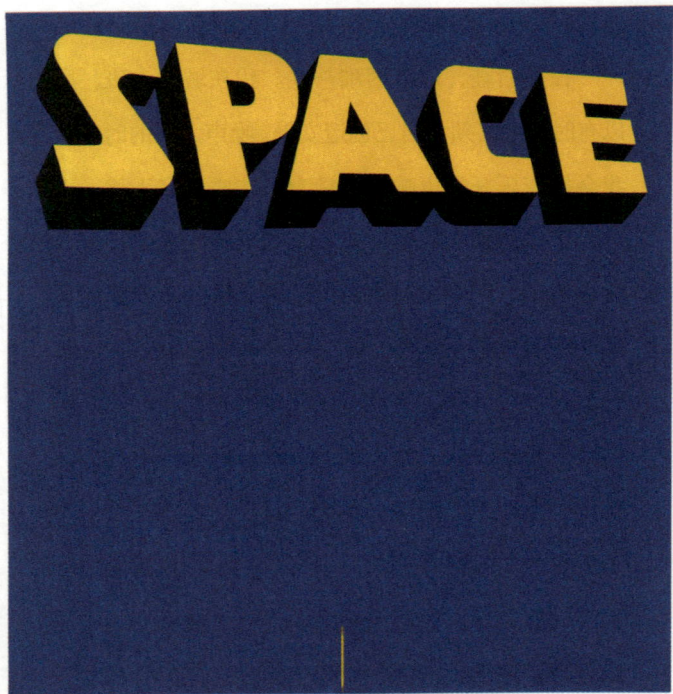

埃德·拉斯查
《谈论空间》 1963

表面覆盖着冰层。冰块随着风和洋流不断移动。巨大的白色冰块因为自然的力量不断发出声响。冰层最薄的地方只有几厘米厚，人走过去会发出碎裂的声音。

一九九〇年五月，我和博尔格·奥斯兰德抵达北极点后第二天，正好有一架美国侦察机飞过。飞行员想透过窗户看看北极点，结果看到了我们。他们非常惊讶，这里居然还有人。为了对两个饿得皮包骨的极地探险者表达善意，他们扔下一个装着食物的包裹，然后飞走了。在零下五十四摄氏度的环境中度过了五十八个日夜之后，我们身体中大部分脂肪都燃烧掉了，消失的还有肌肉。为了维持进度，我们把一天从二十四小时延长到了三十小时，这样我们每天能走十七个小时。有时候，寒冷和饥饿让我们无法入睡。从飞机上丢下来的食物被均分成两份，放在睡觉的垫子上。我想直接把食物都吃掉，可博尔格建议我们先不要吃，再等一等。我们两个安静地看着食物，默默地数到十再开始吃。这是一种克制，提醒我们得到往往也伴随着牺牲。我从未觉得自己那么富有过。等待和盯着食物看或许有些奇怪，但经过那道程序之后，食物变得更美味了。

　　我不织毛衣，但看到有人织毛衣，我会觉得她体会到的内心的安静和我在探险途中体会到的应该是一样的，尽管她周围并不安静。不仅仅是探险时，阅读、演奏音乐、冥想、做爱、滑雪、做瑜伽，或是什么都不干，静静地坐着，我也有同样的体会。作为出版人，我知道我们卖出了成千上万本有关编织、酿啤酒和堆木头的书。这说明所有人，起码是很多人，都希望能回到一些原始的事情中来发现安静。无论是在地下室酿啤酒还是织毛衣，你被打扰的概率比较低，你可以沉浸在你正在做的事情之中。正是这种你知道你不会被打扰的感觉解释了为什么我有时候喜欢一个人待着。而一个人待着，在当前这个时代，是相当奢侈的事情。

这算不上是一种趋势或潮流，但在我眼中它代表了人类深层次的需求。不管是织毛衣、酿啤酒还是劈柴，都有相似之处。你设定一个目标，然后完成它。不是一次性做完，而是需要很长时间来完成。你用你的手或身体创造了某种东西。当你的身体运动的时候，你的思想也跟着运动。我特别享受快感从身体流动到大脑的感觉，而不是从大脑流动到身体。不管是带来热量的柴火，还是承载你心意的毛衣，都不能被简单地打印出来。它确确实实是你用双手做出来的东西，给你和他人带来快乐。

5

声音当然不仅仅是声音而已。

我想起我在一九八六年春天做的一次海上航行。当时我在南太平洋沿着智利海岸向合恩角进发。有一次，我被安排在十二点到凌晨四点一个人值班。突然，我听到了一种低沉、缓慢的呼吸声，就在我们船的西边。我不知道那是什么声音，就循着声音的方向转头九十度去看。原来，有一头鲸鱼正从右舷旁边游过。只有一步之遥。它差不多和我们的船一样长，看上去有二十米。从个头判断，我觉得它是一头长须鲸，四海为家、以鱼虾为生的大型哺乳动物。蓝鲸的个头应该和它差不多，但蓝鲸已经被人类捕杀到濒临灭绝，所以，我觉得我能在这里见到世界第一大哺乳动物的概率非常低。

我们的船行驶得很平稳，我几乎什么都不用做，于是，我就一直盯着这头鲸看。窄窄的流线型身材和鱼雷有点像，背是灰黑色的。估算大型鲸鱼体重的方法是按每米三吨计算，所以，这头鲸大约有六十吨重。它和我们的船齐头并进，在那几分钟里，我们朝着同一方向前行，鲸鱼与我。

之后，我又听到了几次从它背上的呼吸孔传出的深沉的呼吸声。那是空气缓慢地进出肺部的声音。随后，它就消失在了茫茫大海中。对我来说，在那之后，世界变得有些不同了。我一直站着，手扶着舵，认真地倾听，寻找鲸鱼深色的脊背，但我再也没见过它。

三天之后，我们上了岸。我听到了吸尘器的声音。这两种声音都很大。吸尘器的声音会让我想到需要完成的任务，这是我在家定期要做的事情。但鲸鱼的声音，直到今天，我想起来都很愉快。它是那么不同，带着生命的原始力量。我有时仍会回想起那种深沉宏伟的表达方式，它丰富了我的人生。

6

安静也可以是无聊的。所有人都体会过那种让你感觉被排斥、不舒服，甚至恐惧的安静。另外一些时候，它让你觉得孤独或悲伤。"事故发生后的安静"让人感觉无比沉重。

碰到无法谈论的事情时，我们就会沉默。我觉得，世界上最不快乐的人就是十五岁左右的女孩。因此，我能理解为什么我女儿说，心情不好的时候会想静静。我自己也这样，心情不好的时候就会保持沉默。当我发现我和妻子之间出现那种带有攻击性的沉默时，我会试着走开。

我记得，我小的时候经常会睡不着。我躺在男孩房间的高低铺上，觉得安静很讨厌。有点像我从噩梦中惊醒，可父母却没有察觉。那个时候，安静就像是一种声音，在我脑子里轰鸣。在那样的夜晚，我一个人蜷缩在床上，想不起任何一个让人愉快的念头。

但是，安静也可以是你的一个朋友，一种让你自我感觉更丰裕的力量。

栖息于草地上的安静

在每一片叶子下面

在石头之间蓝色的空隙中

安静就像睡在你双手间的小鸟。我们很容易就会生出和罗尔夫·雅各布森一样的感受。在大海里，你会听到水的声音；在森林里，你能听到小树枝断裂或是草在风中摇摆的声音；在山里，你能感觉到石头和苔藓的轻微移动。在这些时候，安静是有意义的。每一分每一秒，我都在心中寻找它。这可以发生在野外，同样也可以发生在去办公室的路上，在签订合同前短暂的几分钟里，或是谈话中偶尔走神的时候。

把世界关在门外不是说不去关心周遭的环境。相反，它让你更清楚地看到这个世界，保持一个方向，努力热爱生活。

安静本身就让人富足。它具备一种罕见的特质，是打开新的思考方式的钥匙。在我看来，它不是一种摒弃的态度，不是纯粹精神层面的东西，而是能让我体验到更丰富的人生的实用步骤。换一种不那么精确的说法：这是比看电视、读新闻更深层次的一种体验。

7

虽然年轻的时候我不这么认为，但其实人脑正常的状态就是混乱的。

我花了很长时间才认识到，这是因为我们往往都处在"自动驾驶"模式下。我睡觉，起床，看手机，洗澡，吃饭，然后去出版社上班。接下来，我回复邮件，参加会议，阅读，谈话。我们大家对如何度过一天有司空见惯的预期，而这支配着我们上床之前的生活。

不过，我时不时会跳出这寻常的轨道，在一个房间静静地坐着。独自一人，不带任何目的，没有什么东西可看。这种时候，混乱就会显现出来。我们很难就这么干巴巴地坐着。找点事情做的愿望太强烈了。在"自动驾驶"模式下运行得很好的大脑在这个时候帮不上忙了。在没有任何事情发生的时候，一个人静静地发呆并不容易。所以，我通常会选择做些别的事情，无所谓是什么，只要能让我摆脱安静就好。

慢慢地，我意识到这就是我面临的很多问题的原因。

当然，我肯定不是世界上最早想到这一点的人。哲学家和无聊理论专家布莱兹·帕斯卡尔早在十七世纪就指出："人类所有问题都源于人无法在一个房间里安静地待着。"看来，人们没办法独自一人安静地待着这一点，并不是因五十年代出现了电视，九十年代出现了网络，或是现在的智能手机引起的，在帕斯卡尔的时代就已经是这样了。

有越来越多的东西引着我们想点别的——电视剧、平板电脑、手机或是游戏，都是顺应我们的需求出现的结果，而非原因。我们此刻感受到的不安，一直都跟随着我们，是一种自然的状态。当下在折磨着我们，帕斯卡尔这么说。解决这种痛苦的办法就是不停地寻找新的目标，将注意力向外延伸，而非对着我们自己。

当然，在这个世纪，吸引我们注意力的东西飞速发展，并将朝着这个方向继续前进。我们生活在一个喧哗的年代，安静的空间被不断压缩。

苹果公司的创始人之一乔布斯很清楚，他研发的技术不仅会带来好处，危险也会随之而来。正因为这样，他限制自己的孩子使用苹果产品的时间。相比那个有远见的市场推广天才乔布斯，我更信任这个负责任的父亲乔布斯。

一项经常被引用的研究结果显示，我们人类的注意力集中度甚至不如金鱼。现在的人在八秒钟之后注意力就会分散，二〇〇〇年的时候，这个时间是十二秒，而金鱼平均的注意力集中时间是九秒。由于金鱼在食物链中处于很低的位置，我觉得人类对金鱼的研究并不完全。因此，对这个结论，我们应该有所保留。我在这里提到这个研究是因为其中有关于我们人类的结论：我们越来越难将注意力集中在一件事上了。

和帕斯卡尔持相同观点的还有与我们同时代的作家大卫·福斯特·华莱士。他曾写道：

狂喜，那种庆幸与感恩自己活着的感觉，是压迫性和压倒性的无聊的对立面。找找你觉得最最无聊的事情（报税，电视上的高尔夫球节目），或是你从没经历过的无聊之事。它会把你整个淹没，带走你的生命力。只是忍受……

结束这一切，你会有仿佛在荒野中走了好几天终于喝到水的感觉。

华莱士提出的方案是，接受这样的状态，就这样继续下去。好好地生活在一个缺乏活力和人气的环境里。在没有空气的地方呼吸。"我们有一种能力，无论这是后天学来的还是天生的，我们总能找到规律性的、空洞的、琐碎的、重复的、没有意义的组合的反面。简单地说，就是为了不无聊。"

我在"不无聊"这个词上停了下来。

或许应该反着来看，或许让人有机会体会无聊的感觉也是好的？暂时断开联系，停下来认真想想你在做的事情。我觉得华莱士也是这么想的。还在上小学的时候，他就和妈妈说了自己的伟大理想："我想做一部伟大的戏剧，但这场戏会在全场只剩下一个人还没因为它太无聊而离场的时候才真正开始。"我喜欢这个只关乎坚持的想法。

8

如今，我们在研究帕斯卡尔的说法是否正确。哈佛大学和弗吉尼亚大学的科学家联手，总共进行了十一次实验，参加实验的人被要求在没有音乐、书籍和智能手机的环境中独自待上六至十五分钟。在那段时间，他们只能独自思考。绝大多数人都有不舒服的感觉。参与实验者的年龄从十八岁到七十七岁不等，有着不同的背景，但实验结果都很相似。他们的共同体会是，在独处的那段时间，虽然没有人来打扰，但他们依旧很难集中精神。

有三分之一在家里接受测试的参与者承认，自己没能完成实验。他们违反实验规则，缩短了枯坐的时间。想象这些小白鼠呆坐在家中，或者暗中作弊，还蛮好玩的。

有一组参与者可以阅读或者听音乐，只是不能和别人联系。这些人的反馈就好一些。很多人还反馈说，如果可以看看窗外，坚持下去就不会那么困难。

科学家做了更进一步的实验，看实验对象是愿意选择静静地坐着，还是接受一些更不舒服的体验，例如一次电击。在实验前他们会接受一次电击，以便了解这有多痛苦。即使这样，还是有半数参与者在实验过程中主动按键接受电击，以缩短独自静坐的时间。

研究者很惊讶，在十五分钟里，有那么多参与者宁可选择电击这种他们事先很想避免的痛苦，也不愿忍受独自安静思考的时光。有一名参与者，因为迫切想要离开那个死寂的房间，竟按了不少于一百九十次电击键。

我不觉得帕斯卡尔会因此感到惊讶。正相反，他认为人类对自身的逃避是个冷酷的现实，我们尽力避免去思考这一点。我们会选择去思考别的事情。他是对的。

那这意味着你和我不正常吗？是的，我认为我们快要疯了。

9

　　不让生活太容易其实是一种智慧。人不能总是从最低的栏杆那边跨过去。我试着向我的孩子解释为什么我要写一本有关安静的书：一方面是因为学会享受安静比享受喧闹更困难，另一方面则是因为这件事很重要。

　　喧闹时常和一些负面的事情联系在一起，比如不安、攻击、争吵和暴力。可是，安静之所以重要首先并不是因为它比喧闹好。喧闹常常体现为纷扰的声音和图像，或者转瞬即逝的想法。在这种快速流动中，我们很容易失去自我。这不仅仅意味着我们必须应付很多印象，这一点固然没错，但它的影响不止于此。我们对屏幕和键盘的依赖也是喧闹的一种体现，而这种依赖已经成瘾。这就是为什么我们迫切地需要安静。

我们越被打扰，就越期待被打扰。虽然听上去像是说反了，可现实就是如此。你会进入"多巴胺循环"。多巴胺是一种在大脑细胞之间传递信息的化学物质。简言之，它会让你生出渴望和欲求。我们不知道什么时候会收到一封邮件、一条消息，所以我们不停地查看手机。这就好像玩老虎机，希望有一次会赢。可是，多巴胺循环并不是一种能让你获得满足感的机制，哪怕你已经得到了你所寻找和渴望的，你也不会满足。尽管二十分钟之前我已经在网上找到了我想找的东西，我仍在浏览网站。

是的，我知道这是很常见的情况。我时常觉得，继续下去比停下来要容易。我不停地浏览网站，虽然我刚刚才看过，很清楚上面写了什么。和大家一样，我也对自己的生活失去了控制。我们所做的很多事其实没有任何意义。

在生物学上，对这种缺乏理智的状况有科学的解释：我们并不是天生知足的生物。我们大脑中的另外一类化学物质类鸦片胺负责在我们达成某个愿望的时候给我们愉快的感觉。可惜的是，多巴胺比类鸦片胺强大，因此，虽然你已经得到了你希望得到的东西，你还是会继续去做一样的事情。多巴胺循环这个词就是这么来的：期待、寻找的循环会带给你比达成所望更多的快感。

这也是一种喧闹，随之而来的是不安和负面的情绪。大多数的手机应用程序都有一个共同点，那就是没人用它们。哪怕是像推特那样成功的程序，在后来的一个阶段也遭遇过用户的抵抗。应用程序的创始人开始怀疑是不是自己的想法有问题，导致上升的势头停滞了。我觉得应用程序的创始人开始有疑问是件好事。一些非常成功的应用程序带来了一个问题，其服务不仅仅让人们对此上瘾，还让他们变得更孤独。推特和其他应用程序最基础的想法就是制造你使用这个程序的需求，这个需求将由同一个程序来满足，但你的满足只能持续很短时间。它的收入源于让你走进这个循环。"一次又一次的使用让顾客形成了习惯，内心的冲动会让他们选择你的产品。"这是著名商人尼尔·埃亚勒在《成瘾：如何开发能培育用户习惯的产品》这本书中写的。哪怕是我，也逃不脱社交媒体。

有一部分用户在社交媒体上分享信息，会得到很好的回应。而更多的人则期待别人关心他写了什么。越是无法预测别人的回应，用户对它的依赖性就越强。你什么都不能错过。长期下来，这种习惯不会让你开心，根据埃亚勒的理论，它会让你感到无聊、挫败、被动，还有寂寞。

看看你周围，看看你我，你会知道他说的是对的。这很大程度上是因为害怕错过，错过什么事情，错过某个重要时刻。埃亚勒认为这就是 Instagram（照片墙）真正的驱动力。这很真实：这个应用程序至少很火。但问题是，这样的时刻并不见得有多特别，我们生活中没有那么多特别的时刻，于是重复和平淡的事情也被我们拿来分享。

一九八四年的春天，我驾驶着三十五英尺的帆船完成了去西非的旅程。我穿过大西洋抵达加勒比海，再横渡大西洋回到挪威。这趟旅行一共花了八个月。当时网络还没有那么发达，在旅途中，我们没有收到任何来自挪威的消息。唯一的联系是在抵达港口的时候，收到爱人、朋友和家人提前寄到那里的信件。回到挪威之后，我延续之前的习惯，每天看报纸，收听新闻。我突然意识到，挪威的电视新闻和政治辩论的内容与我离开之前并没有什么不同。政客们讨论的议题还是那些，最热门的话题还是广播电视集团的垄断和分解。他们的论点甚至都没有变化，新闻的内容也很相似，唯一的区别可能只是换了一拨人在讨论。

当你把很多时间花在保持在线和追踪新闻上，哪怕你所做的并不重要，你也很容易觉得这很有价值。这叫作合理化。《纽约书评》将我们与这些应用程序的创造者的斗争称为"新鸦片战争"。"他们将成瘾作为明确的市场策略。"唯一的不同在于他们不提供你能装在烟斗里抽的玩意，而是提供甜蜜诱人的应用程序。

安静与这一切正相反。它要你真正进入你在做的事情，去体验，不要想太多。它让每个时刻都变得足够重要。它让你不必通过别人来过自己的生活，而是将世界关在门外。无论你是在奔跑、做饭、做爱、学习、谈话、工作，还是在想创意、阅读或是舞蹈，你都能为自己创造安宁。所有写过书的人都知道一个其他人不知道的秘密：写一本书最大的挑战不在于写作本身，而在于坐下来，整理自己的想法，开始动笔。

10

　　我已经年过五十。我去过很多人的六十、七十或是八十岁的生日派对。如果你还年轻，还没去过那么多生日派对，没听过那么多生日祝福，我可以告诉你，在挪威，生日派对上最常被引用的一句话是："那些来来往往的日子，我并不知道那就是生命。"这是句妙语。客人们听到之后多半会抿起嘴唇，频频点头。是的，我们在不同程度上都害怕死去，但我更怕的是没有好好活过，尤其是进入生命的后半段，开始明白很多事情已经太晚之后。

你自己知道，听到这句话，你是该点头还是摇头。在派对桌边感慨我们已经浪费了太多时间，没有更进一步，大多数时候都是通过别人体会人生。这当然并没有错。

真正令人遗憾的是，你就这样放弃了活出更丰富的人生的可能性，忽视了自己的潜力。你任由自己分心。分心意味着你脱离了真正的自己。我想起一个带负面意味的词：消磨时间。消磨时间不是说什么都不做，而是让你不断地为声音、期待和图像分散精神，不专注于你应该做的事情。我当然不是说这很容易做到，但不消磨时间绝对是有益的。

严格说来，与其讨论生日派对上关于时光流逝的老生常谈，不如回到斯多亚派哲学家塞涅卡在二十多岁的时候说的："如果你知道怎样使用时间，生命就会很长。"两千年前，他就提出，所有人都"存在"，但只有少数人"活着"。"对那些忘记过去、忽略现在、恐惧未来的人来说，生命无比短暂和繁忙。当生命快要终结的时候，那些可怜人才会意识到自己忙碌一生，却一事无成。"

我已经记不清曾有多少次听人说，西方世界的大多数人都没有体验过真正的物质上的贫乏，但他们缺少时间。听起来好像是那么一回事，但并不完全正确。我们会有充足的时间。如果我们更经常地倾听自己的声音，把目光投向前方，生命就会变长。

11

二〇一〇年十二月的一天深夜，探险家史蒂夫·邓肯和我一同爬上了连接着曼哈顿、皇后区和布鲁克林的威廉斯堡大桥。我们当时正在进行穿越纽约市区神秘的下水道系统的计划，从242街和百老汇布朗克斯区段出发，穿过哈林区，之后向着曼哈顿和大西洋的方向行进。

站在桥上向东看是皇后区和布鲁克林，一直能看到康尼岛。我们在一片黑暗中爬上了桥，我能想象太阳就躲在眼前的海平面之下。我们站在桥的最高处，看到太阳升起之前射出的光线让城市一点点变亮，几分钟之后，阳光爬上了大桥东边的部分，开始慢慢温暖整座城市。

我什么声音都听不到。在我下方的四车道上，汽车轰鸣而过，地铁依着自己的节奏进出城市中心。我完全被我所见到的景象吸引住了，把一切声音隔绝在外。你确实无法控制你周围是否安静，无论是在纽约还是在别的地方，你都必须为自己制造安静。

在阳光永远照不到的纽约地下，我和史蒂夫找到了另一个世界。藏在地面之下的隧道系统是一个活的系统，衬托着沥青路面之上的世界：我们建造隧道，延长它们，改变它们的方向，建造新的房屋地基，在老旧的管道系统上接上新的管道。地面之下的形态一直在变化，可没有人会注意到它们。整个地下世界不为城市居民所知，也不被谷歌地图所知。如果我们把曼哈顿整个翻过来，这个岛的样子会像是一片人造的荒野。这个荒野只讲实用性，不讲美学，但或许它自有一种美，这种美是负向的，通过它所没有的东西来体现。那里没有新鲜空气，颜色的变化仅限于灰色和棕色，永远安静不下来，你只能看到眼前的东西。虽然不容易捕捉到，但那种美确实存在于这一切之中。

纽约是个不夜城。这座城市的历史总是围绕着赚钱这个主题，所有的喧闹纷繁都由此而来。无论是火车、地铁还是水路，永远都在制造着各种声音。哪怕在下水道里，你也不可能找到安静。在深深的地表之下，我们能听到头顶的城市发出的轰鸣。压过窨井盖的车轮制造出的金属振动声很久都不会停息。附近的隧道中，地铁正全速驶向下一个车站。

在那次为期五天的旅行中，我们体验了文明的循环。在地表之上，正是繁忙的圣诞购物季，人们都在为圣诞节做准备，餐馆里挤满了饥渴的客人。就在同一个下午，我们消失在地面之下，文明的最终产物从我们身边流过：排泄物、用过的避孕套，还有垃圾。纽约的下水道系统很少用到水泵，垃圾在重力的作用下移动，所有东西保持同一种节奏向前流动，在我们的腿周围发出模糊的声响。

清晨六点，在格林路的尽头，我和史蒂夫坐在台阶上休息，身上又湿又臭。整个晚上，我们试着穿过运河大街的下水道系统。我注意到，我们对面的停车场上有一棵孤零零的树，正对着一栋有些破旧的房子。在 E. B. 怀特的经典之作《这就是纽约》中有句话："在艰难中存活，在困境中生长，在混凝土中蓄养元气，兀然挺立，迎向日光。"他说的是纽约人，也可以用来形容这座城市中的树。为什么它正好在那里？为什么它能穿越四季，长出叶子、花苞、花朵、树皮、青苔，引来小动物？世界上最大的谜题之一就是自然有机的美如何能静静地从土地中生长出来。像那棵树，从几平方厘米没有铺柏油的土地里生长起来，更让人惊叹。它就像是一个无声的象征，象征着我们在地下看到的一切。我差点起身走过去拥抱它。

我站在威廉斯堡大桥上，看着太阳从大西洋中升起，照亮整座城市，我的心中生出一股喜悦。如果我是总统，我肯定会在就职演说中鼓励所有人感谢每天升起的太阳，感谢它为我们所做的一切。

不过，阳光同样也增加了警察发现我们的概率。我们所做的事情肯定是不被允许的，所以我们得抓紧时间下去。史蒂夫显然比我更有经验，他提醒我，我们的旅程该结束了。要是桥上不再有车经过，周围都安静下来，那就意味着警察封锁了大桥来抓我们了。

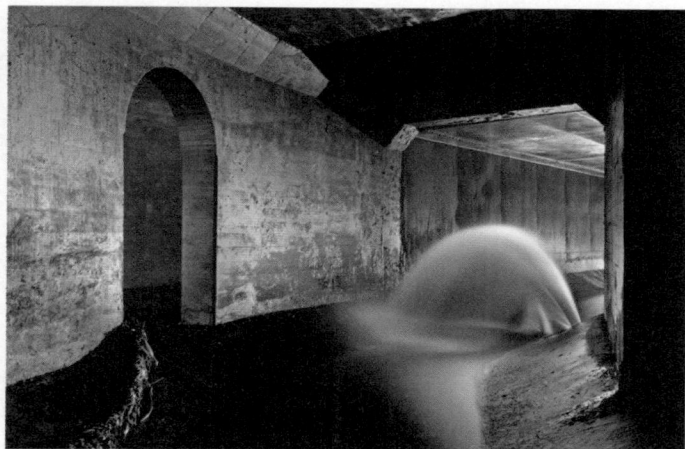

12

　　当然，所有人都有感觉无聊的时候。

　　无聊可以被形容成缺乏意义。因为无聊总是给你一种落入网中的感觉，这是哲学家拉尔斯·斯文森说的。无论是在某种特定情形下，还是在更普遍的情况下，都是如此。这一点我很有共鸣。小的时候，如果期待有点什么事情发生，我就会觉得很无聊，甚至会有近乎疼痛的感觉。我妈妈告诉我，能够感觉到无聊是好的。我现在终于理解她的意思了。当我看到我的孩子因为想到无事发生，感觉很无聊，被自身所束缚，几乎绝望的时候，我想我母亲当时说的是对的。我也觉得，他们能感觉到无聊是好的。

现在，我已经不像小时候那样感到无聊了。成年人更容易找到事情做。如果觉得无聊，你可以和地铁上坐在你旁边的人聊几句。我试过，所以知道这是有效的。只是我早上不常有多余的精力这么做。

如果我要坐五十个小时的飞机，却忘了带书，也找不到值得一看的电影，或者正在等一个没有如期而至的人，我还是会有小时候那种无聊的感觉。我们在这种时候体会到的是一种体验的匮乏。

这种匮乏不是指我们没有体验，或是什么事都没有发生。有时候，过多的行动也会带来这种体验匮乏的感受。这是很有趣的一种现象。如斯文森所说，我们总是在追求"更强烈的体验"，忘了偶尔停下来深呼吸，将世界关在门外，花时间去关注自身。

那种想要借着做点事情来躲避无聊的想法是天真的，无论是永远在线、发消息、打字，还是看一些你没看过的东西。

　　你越去做这些让你不无聊的事情，你就越容易感到无聊。

　　我自己也曾是这样，所以我很理解这种感觉。这是一种习惯。我看到我的孩子们也在做同样的事情。起先是这种焦躁的情绪引领你继续往前，但忙碌本身很容易就变成了目标。

　　可是，导致无聊的无意义与带来欢愉的有意义之间的界限一直在变化，并不总是很清晰。今天你觉得浪费时间的事，无论是打游戏还是看纪录片，到明天可能就变成了曾带来很多欢愉的休闲时光。无论如何，思考什么才是有意义的、能带来愉悦的，是很有价值的事情。起码你可以立一个"下次就知道了"的小目标。

13

一直以来，奢侈都关乎地位和欢愉，只有少数人能享受到。

如果那位在法国大革命中被斩首的国王路易十六看到你的苹果手机，他应该会嫉妒到发疯，直到他看到今天大多数人都有智能手机。

奢侈是一种紧缺的非必需品，或者说，起码得有一定数量的人认为它是紧缺的。

如果奢侈品行业继续发展，大众也能消费得起了，它就会变得普普通通，因而令人厌倦。一个包的稀缺性在很多人拥有它的时候消失了。你可以买一个新的包，但无论它多么了不起，还是会有某个人的包比你的更好。

在世界上最富有的人中，有些人过着别人眼中非常朴素的物质生活，另外一些人则选择了奢侈的生活方式。我的经验是，所有沐浴在奢侈品中的人都明白一个很多人不明白的道理：奢侈品只能带来短暂的欢愉。

我认为安静是一种新的奢侈品，它具有别的奢侈品所没有的独特性和长效性。在我第一次问孩子们有关安静的问题一年之后，我又问了一次。两个孩子用沉默回应我，但第三个孩子在暑假里给出了让我欣喜的答案：对那些永远在追求最新的东西的人来说，安静是他们唯一不可能获得的东西。

问题在于，这样简单直接的东西并不符合奢侈品行业的规律，因此，安静也是一种被低估了的奢侈。毕竟，这个行业首先追求的是更光鲜，更多附加值。顾客脑中的多巴胺会让他们一直渴望更多。而安静却要人往回收。

安静还是一种不需要花钱买的东西。它也不需要被下一季的奢侈品取代。

当然，从事这个行业的人几乎不可能去寻求安静，除非是为了推销时尚的防噪耳机，让人在荒凉的地方和休闲酒店里搔首弄姿拍摄广告。那些奢侈品生产商跟其他商人一样：他们想要的是不断增长。

另外一种奢侈是可以不在线。如今，从日常的喧嚣中逃离已经成为一种特权。可以让别人代你做那些日常的任务。你不用着急看短信，不用立刻接电话。同事、工作上的联系人，还有家人，他们对你的要求不再那么重要，这些都可以由别人代理，给自己一个机会，完全不在乎别人是不是需要联系你。

喧嚣也关乎阶级差别。制造噪声的人却不用忍受噪声的干扰，这在社会中造成了更大的差距。相比高收入人群，低收入人群通常在工作环境中要忍受更多噪声，他们居住的房屋的隔音效果也更差一些。高收入的人居住在不那么吵闹、空气更好的地方，他们的汽车运行起来更安静，洗衣机也是。他们有更多的自由时间，吃的食物更干净，更健康。安静已经成为让他们比其他人活得更长、更健康富足的那些差别之一。

我不相信我们能够完全适应喧嚣。是的，我们能学会应付它，因为我们觉得必须如此。但是喧嚣已经或即将成为降低我们生活质量的因素。不仅对人如此，对动物也一样。我非常喜欢早晨在鸟叫声中醒来。科学家研究了鸟儿对城市噪声升级的反应，得出的结论是鸟的叫声已经发生了变化。那些低音已经消失，取而代之的是可以与人造声音抗衡的高音。这种改变导致鸟儿越来越难吸引到伴侣，所以鸟下的蛋变少了。因为发生这种变化的时间还不长，科学家们无法确定这是不是一种进化的表现。不过，只有生活在城市里的鸟类才有这样的变化，原因可能就是周围的声音太过嘈杂，让它们产生了紧张情绪。虽然鸟和人是不同的，但我也能体会它们的不安。安静对所有生物来说都是一种奢侈品。

埃德·拉斯查
《噪音》 1963

14

有一年夏天，我从奥斯陆坐了十八个小时的飞机去斯里兰卡度假。我在那里吃健康食品，在优美的环境里做瑜伽。这次体验非常棒。可是，为了放松，坐飞机穿越半个地球，让人感觉有点不对劲。

有些人为了获得安静建造了隔音的房子。在丹麦的日德兰半岛上有一个完全隔音的大厅，用间隔三十厘米的两道门隔绝声音。有几十个人经常聚集在这里，盘腿坐在垫子上，连续静坐五十分钟。除了偶尔有轻微的咳嗽声和别的无法控制的声音，大厅里完全静默。这么做的目的是让参加的人在一段时间之后能够领悟到生命在于人与人之间深深的爱，训练他们产生共情。

类似的安静中心现在在世界各地都有，是个正在增长的产业。在洛杉矶日落大道的尽头有一家"湖畔圣殿"，它给人提供"隔离的安静"。我在步行穿过整个洛杉矶之后去了那里。那一次，我们花了四天时间从东边的帮派地盘走到了海边。在洛杉矶，所有人都开车，但是我们希望能在人行道上感受这座城市。我们在途中曾被警察拦住问话，他们觉得我们很可疑，不能理解我们为什么不开车。在他们眼中，只有强盗、流浪汉和疯子才会在城里走路。在风尘仆仆走了一路之后，我们很容易就在那里找到了平静。那里有美丽的湖、在水中游弋的鲤鱼、鲜艳的花朵和安静。从那里出来之后，我们到太平洋里游泳。只需步行五分钟，海边也同样安静。后来，当我在挪威的荒野或是喜马拉雅山脉中徒步时，我有时会想起那些为了让人体验安静而造的建筑。只要走远几步，就有更好的安静在等着你。

为体验安静创造条件当然不错。但如果总要开车去别的地方才能享受宁静、做瑜伽、散步，或是必须坐飞机去一个很远的地方才能放松，确实不大方便。生命中最好的东西都是免费的。我想象的安静是你在目前生活的地方就能找到的，它适合你个人，存在于你的头脑中，不用花钱就能得到。你不需要去斯里兰卡，你在自己的浴缸中就能体会到。

当我的孩子们长大到能自己起床之后，我早上醒来可以在床上多赖五分钟，我在这几分钟里找到了安静。或者在我早上去公司的路上。我可以选择开车十二分钟去上班，或是花十五分钟坐地铁，或是走路半小时。开车的话，我可以放空，但我必须注意周边的交通状况，此外我还会听广播。坐地铁的话，我需要赶班次，车上的人会很多，当我抵达目的地的时候，所有人都要一起挤下车，这会有点不舒服。在路上，我不会有什么特别的体验，如果地铁延误了，我还会有点焦虑。所以，如果时间允许，我会选择走路，这能让我看到坐地铁和开车时看不到的风景。我会观察路人的脸、他们随天气变化的衣着、咖啡馆和商店的窗户，以及某人特别设计的一段鹅卵石路面上的花纹。走路去上班当然不是什么很特别的经历，但是它能带给我一些小小的感受。家和公司是我每天待得最久的地方，由此及彼的半小时步行就是我把世界关在门外的时光。

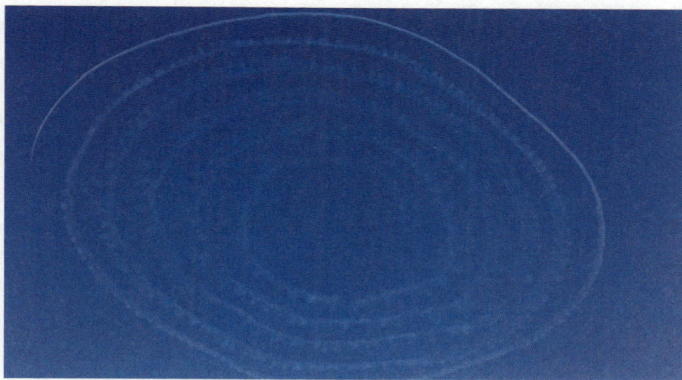

埃德·拉斯查
《现代灵魂》 2016

15

安静关乎通过暂停的方式重新发现快乐。

我发现我的孩子们几乎不会按下暂停键。他们永远都在线，永远都在忙。"所有人都是别人，没有人是自己。"马丁·海德格尔如是说。他们坐在屏幕前，独自一人或是和别人一起。我自己也是这样。我沉迷于智能手机和平板电脑，几乎变成了它们的奴隶。我有时候是内容的消费者，有时候是制造者。

看平板电脑的时候，我经常被干扰，干扰我的事情一个引着一个。我漫游在一个和我没什么关系的世界里。我试着做一个有效率的人，直到我发现无论我多么有效率也没做成什么事。这就像是不带指南针在荒野中寻找道路，你只会一直绕圈子。我们的目标是忙碌而有效，别无其他。这多么愚蠢。

我们很容易觉得科技的核心就是技术本身，这是不对的。你我才是核心。关键在于我们使用的技术如何改变我们，我们希望学习什么，我们和大自然的关系，我们爱的人，我们花去的时间、消耗的能量，以及为了技术放弃的自由。是的，如很多人所说，科技缩短了距离，但这在根本上是句毫无新意的套话。就像海德格尔指出的，核心问题在于我们之间的距离并没有更近。按照这位哲学家的说法，为了缩短我们彼此的距离，我们必须去追求真理，而非技术。在亲身体验了网上约会之后，我认为海德格尔是对的。

海德格尔当然不可能预见到当今科技提供的可能性。他想的是五十马力的汽车，以及当年人们认为很先进的打卡机和放映机。但是，他模糊地意识到了未来可能出现的情况。

海德格尔说，为了追求最新的技术，我们会放弃自由。我们会从自由的人变成资源。在当下，这种想法显然更容易引起共鸣。而且我们并不是彼此的资源，这是更让人不愉快的现实。我们是Apple、Facebook、Instagram、Google、Snapchat和政府的资源。在我们的自愿帮助下，他们将我们调查得一清二楚，自行使用或销售这些信息，就像是开发和利用资源。

在《爱丽丝梦游仙境》中，小特里耶问爱丽丝："谁是这房子的主人？"你，还是你不认识的某个人？

是的，我们人类生来就是一种社会动物，因此，随时能被联系上是一种美德。我们无法独自生活，但有时关掉手机，坐下来，什么都不说，闭上眼睛，做十次深呼吸，尝试思考一些平时不会思考的事情，是非常重要的。

你也可以选择什么都不想。你可以称之为冥想、瑜伽、禅思或仅仅是理智。我很喜欢做冥想和瑜伽练习。除此之外，我还更进一步，通过自我催眠完全放空二十分钟的效果也很不错。每天晚饭后，我会在床上躺着，任由灵魂轻微脱壳。

这些都有助于一个人安静下来，但我想，不使用技术，也可以获得安静。寻求安静和平衡的门槛可以降低。你不需要接受课程指导，或是专门休假。安静随时随地都可以出现，就在你眼前。上下台阶的时候，做饭的时候，或者集中注意力感受自己如何呼吸的时候，我都可以获得安静。是的，我们所有人都是同一块大陆的组成部分，但我们在任何时候都有成为一座岛屿的丰富潜力。

16

　　我们该如何生活？这是一个很大的问题。过去，那些伟大的哲学家，当然还有那些不那么伟大的哲学家都在为此寻求答案。结果就是积累了许许多多的理论和阅读材料。如今，大多数哲学家都在关注政治、语言和分析。很少有哲学家关心安静及其对你我的影响。有好几位哲学家和我说过，安静什么都不是，也没什么意义可言，就像我的孩子们说的那样。这真让人遗憾。另一方面，已经没几个哲学家会烤蛋糕了，他们已经远离了日常生活。

学习哲学课程的第一年，你就会学到"无中生无"。这条定律不但正确，而且古老。哲学家巴门尼德认为，不存在的事物是无法谈论的。但在说这句话的时候，他已经打破了这条定律。不过，就安静而言，我觉得这个结论的前提包含了一种误解。

安静并非虚无。更准确地说，有中生有。

在数千年时间里，总有人离群索居。无论是住在山上的和尚、隐士、水手、牧羊人，还是离家远行的探险者，他们都相信生命的秘密就隐藏在安静之中。这就是关键所在。穿越大海归来的时候，你会发现其实你想要寻找的东西就在你自身之中。

在那么漫长的时光中，人们都很重视安静，这让我们有充分的理由来认真对待它。耶稣和释迦牟尼寻找安静之所，为的是弄明白人该如何生活。耶稣来到沙漠中，释迦牟尼则来到山上和河边。耶稣在安静中找到了上帝。河流教会了释迦牟尼去聆听，用安静的心去倾听，用开放的头脑去等待。

在有些地区，神的形象是闪电或风暴。在《圣经》里，上帝往往是安静的。《列王记》中描述了上帝是如何在以利亚面前现身的。首先出现了龙卷风，然后是地震，之后是火焰。可上帝并不在这些事物之中。最后，上帝伴随着一个很轻的声音降临，或者说"轻微的安静"，一个较新的版本这么翻译。我喜欢。上帝就在安静之中。

印度哲学中有一个流传很广的故事，不过它也可能来源于佛教。一个学生请他的老师讲解婆罗门以及世界精神究竟是什么。老师沉默了很久。学生又催问了两三遍，但老师还是一个字都没说。最后，老师开口了："我已经教了你，但你并没有领会。"答案显然就是安静。

在禅学里，有一个目标是要挑战目之所见，也就是看得见的世界。最有名的一个练习是安静地坐着，想象一只手鼓掌的声音。要点在于，你必须想象一只手在鼓掌——这在现实中是不可能的——并思考摆脱理智和逻辑意味着什么。另外一个在家里也可以进行的练习也值得一试：想象一种没有名字的安静，想象一种不存在的东西。

古希腊哲学家亚里士多德和柏拉图说，关于永恒的知识，如果是真理，是无法用语言表述的。柏拉图称之为"不可说的"，亚里士多德称之为"无法描述的"或是"无法言说的"。在词汇穷尽之处，直接领会那些伟大真理的可能性才得以开启。

不仅那些伟大的真理是这样，一些微小的真理也是一样。开车走错了方向，你不得不停车检查导航系统。你会将音乐关小，请车里其他人保持安静，让你头脑清醒些。你可以集中精神应对此刻唯一重要的事情，那就是找到正确的方向。

埃德·拉斯查
《一束光》 2003

17

星空是"生命中最忠诚的朋友。从第一眼看到
它起，它就一直在那里，永远给你安宁，永远提醒你，
你所有不安、疑惑、痛苦很快都会变得微不足道。
宇宙永远都在那里。归根结底，我们的想法、抗争、
痛苦并不那么重要，也不独特"。大多数经常在野
外旅行的人都会同意弗里乔夫·南森④在某个夜晚得

④ 挪威探险家、科学家和外交家，曾获诺贝尔和平奖。

出的这番感悟。这不仅限于大自然。康德强调"我头顶的星空和心中的道德律"是两个最重要的支柱。眼睛自身并不能看见，但你能通过星星看见：你能看见什么，完全取决于你自身。

我是挪威人，习惯了欣赏夜空，不会受到太多人造光的干扰。如果你看星星的地方有路灯，就不容易看清楚。我们很容易忘记，这种视觉上的安静体验如今在世界上大多数地区都很难得，成了一种奢侈的体验。多么遗憾。凝望星空是我心中最有价值的事之一。它让我意识到超越或者远离我们周围环境的宇宙，以及，如南森所说，我们在其中的位置。

神经学家奥利弗·萨克斯在去世之前写下了他是如何解决"那个困难的问题"的："理解大脑如何形成意识"，以及那些让他只想安静地坐着凝望星空的强烈渴望。"我看到整片天空缀满了星星（引用弥尔顿的原话），我想，那样的天空应该只有在智利阿塔卡玛的山顶平台上才能看到吧（那里有世界上最强大的天文望远镜）。正是这片缀满星星的天空让我突然意识到，我剩下的时间和生命是多么短暂。这种对天空之美、对永恒的体验，同我对逝去和死亡的感受密不可分。"萨克斯当时已经非常虚弱，无法行走，只能让朋友在夜里推他出去。在生命的最后时刻，他开始在自己周围放上金属和矿物，这些东西在他心中是"小小的永恒的象征"，这是他自幼不曾做过的事情。

　　了解自己，也就了解了别人。读萨克斯的书的时候，我感觉到，他和南森一样，在自身之中寻求宁静，重新找到了自己被忘却的那一面。对我来说，内在的宇宙与怀抱我们的宇宙一样神秘。唯一的区别无非是一个向外，一个向内。

　　"头脑比天空辽阔。"诗人埃米莉·狄更生如此评论我们的无限性。

18

体验安静本身就是目标，我喜欢这个想法。安静自有其价值，不应该像对其他事物那样评价和衡量它。不过，安静也可以被当作一种工具。

"哈哈哈哈哈哈哈"，这就是企业家埃隆·马斯克对我有关安静的问题的回应。不过，在考虑了一会儿之后，他说，他其实经常沉浸于内在的安静，将世界关在门外，以打开思路。马斯克一直都是这么做的。因为他在成长过程中在校内校外经常被欺负，没什么朋友，所以有很多时候是独自一人。

和他讨论他那些还没有实现的想法的时候，我发现他显然不是那种会完全听取顾问和专家意见的人。他会一个人待在房间里思考。他不仅想要改革汽车工业、能源和航天工业，他还想开辟新的跑道。我相信，等哪一天他不再坚持自己的想法，而是选择随波逐流，这场持续的革新才会终止。

马斯克特别善于应用所谓"第一定律"：与其相信已被验证的真理，不如去寻找基础真理，并从那里开始思考。他将自己与外部世界隔离开来。这与常人的做法完全相反：通常大家都是听别人说哪里有可能性，然后以此为基础继续下去。

美国国家航空航天局的科学家们从没质疑过太空火箭只能用一次这条极其昂贵的真理。毕竟，从美国国家航空航天局创建以来，一直就是这样。直到有一天马斯克告诉他们，他能制造出可多次使用

的太空火箭，以后甚至能飞去火星。这样做，成本
会大大降低，安全性则会提高。

很多时候，我觉得，在生活很忙碌的时候，想
要把世界关在门外非常困难。我去问马斯克太空项
目的核心科学家马克·洪科萨，他是怎么生出这样
革命性地改变火箭工业的想法的。他回答说，我们
正常的工作日基本上是开八个小时的会，再花几个
小时回邮件，时间眨眼就没了。唯一能够将世界关
在门外的时间就是我做运动、冲浪、洗澡或是上厕
所的时候。那些新的解决方案都出现在这种时候。

在实践"第一定律"这一点上，我和马斯克深
有同感。我在二十年前创立了自己的出版社。那个
时候，我住在剑桥，我的女朋友住在奥斯陆。她怀
孕了，我觉得自己应该回挪威工作。同时我还希望
找到一份能让家人住上好房子的工作。

回到挪威之后，有一天，我吃完晚饭，站在厨

房里刷盘子，就在那时，我做出了决定：我要开一家出版社。当时，出版业有一条公认的真理，没有人对它提出质疑。那就是：高质量的书籍通过书店和读书俱乐部销售，价格很高。通俗的书被日用品商店垄断。这其实很没道理，我也不明白为什么只有在挪威是这样。我很感激很多人给了我好的建议，但直到我独自待在厨房里，不被任何人打扰的时候，我才认真地思考并下定了决心。

此外，还有一条公认的真理：要想创业，你必须是一个愿意承担高风险的人。幸好这一点也不正确。我的出版社刚刚开张的时候，我时常听说那些有名的作家不会在新的出版社出版作品。这种文化深植于我们的竞争对手一百年的历史中，更重要的是，它深植于我的同行们的头脑中。只是我并不那么相信。

我当然不是要把自己和埃隆·马斯克相提并论。但当我回顾自己做出版的经历时，虽然重量级不同，但我和马斯克一样，为几个大家公认的真理打上了问号，就在我不受打扰地站在洗碗池边的时候。

19

"对那些不可言说的，必须保持沉默。"这是路德维希·维特根斯坦的《逻辑哲学论》的最后一句话。这是很狡猾的说法。这本书最初被出版社拒绝了，或许是因为维特根斯坦声称书稿有两部分，一部分已经写出来了，另外一部分还没有写，而后者才是真正重要的；也可能是因为出版人觉得一个哲学家就应该说出其他人认为不可言说的东西，那正是他的职责。

二十世纪初，在维也纳颓废的中产阶级的沙龙中，维特根斯坦旁听了一些谈话，这促使他得出了后来的结论。维特根斯坦认为那些同胞的空谈威胁着生命的意义。我认为他是对的。浪费时间真的太容易了，容易得让人害怕。

《逻辑哲学论》的一部分是在挪威松恩峡湾支流吕斯特峡湾尽头的肖伦写的。大自然、宁静以及与其他人之间的距离造就了维特根斯坦和他的哲学："我不能想象在别的地方我能做到我现在做的事情。这里的安静，这里出众的景色；我的意思是，这里真的非常非常安静。"

第一次听到"对那些不可言说的，必须保持沉默"这个结论，我觉得维特根斯坦说的是，我们应该同那些不可言说的东西保持一种被动的关系。这有点令人疑惑。我不太能理解维特根斯坦是怎么得出这样的结论的，尤其是当他面对着伟岸的风景，面对着由瀑布、山峰和峡湾组成的峡谷写作的时候。当你面对不可言说的东西时，新的地平线出现了，那才是真正有趣的地方。可是，后来我发现自己误会了维特根斯坦。这不奇怪，毕竟当初买到《逻辑哲学论》后，我快速翻到最后一页，为的就是看一眼结尾那句话。

我那时忽略了前面维特根斯坦强调的：对那些不可言说的，我们可以展现它。"那些可以被展现的，不能被言说。"语言是设定界限的。"我相信，不管是我还是其他人，如果曾经尝试去写或是谈论伦理或宗教问题，都会有和语言的界限做斗争的经历。这种和所有限制我们的东西的斗争无所不在，令人绝望。"维特根斯坦所说的道德就是生命的意义。科学甚至找不到词来谈论这类问题。"道德源自我们谈论存在的意义、绝对的善、绝对的价值的渴望，在这个意义上，道德不可能是科学。"它必须被展现、思考和体会。

20

分享快乐给人带来愉悦。

在繁忙的生活中，我有时会希望有个人能和我
一同做事。不过，这也可能会带来干扰。我十几岁
的时候听过一个故事，是有关战争英雄克劳斯·赫
尔贝里的。他后来成了一名受人尊重的登山向导。
这个故事可能只是偶然发生的，可却是维特根斯坦
的思想的完美体现："只要不说出那些不可言说的，

什么东西都不会消失。"

一天早晨，赫尔贝里带领一队人从芬瑟⑤的小木屋出发。夏天的阳光已经回来了，冬天即将离去，到处都是新鲜的颜色。那天天气特别好，队伍出发的时候，他给了每个队员一张小字条：是的，一切都很美好。

维特根斯坦只部分地遵守了自己的禁令：不谈论那些不可言说的东西。他对保持沉默这一点没有保持沉默，反倒经常谈到它。赫尔贝里比维特根斯坦更进一步。他就只是保持沉默。

我经常会想起这个故事。因为参加反法西斯运动，赫尔贝里曾经在山里待过很长时间。他了解语言是如何为我们的感受设定界限的。他希望所有和他一起登山的人不要在这一天里不断告诉别人这一切有多美好，而是专注于感受这份美好。那些词句

---

⑤ 挪威霍兰达郡的一处山区。

会毁掉气氛，它们远远不够资格被用来形容眼前的一切。是的，分享伟大的体验是美妙的，但谈论它却会让我们远离它。有时候，我觉得有些喜悦，比如观察石头上的青苔，很难用语言来表达。赫尔贝里希望所有人都能在山里用眼睛看、用心思考和体会，无论是天空、青苔，还是那些在又一个春天来临之际小心翼翼绽放的花。

21

　　有没有可能我们既在这个世界，又不在这个世界？可能的。

　　对我来说，最强烈的体验就是那些短暂的瞬间：当我远眺地平线，完全沉浸在周围的环境中，或是目不转睛地观察石头上的青苔，或是将一个孩子抱在怀中。

　　时间好像突然消失了，我好像在那里，同时又不在那里。那个短暂的瞬间似乎变成了永恒。

这种感觉就像瞬间和永恒合为一体。我当然理解这两者是相反的，它们位于天平的两端。但有些时候，我和诗人威廉·布莱克一样，很难将瞬间和永恒分割开来：

在一颗沙粒中见一个世界，

在一朵鲜花中见一片天空，

在你的掌心里把握无限，

在一个钟点里把握无穷。⑥

我就是为追求这样的体验而生的，我仿佛是一个采珠人，永远追求打开一个贝壳看到一颗完美的珍珠的体验。

永恒、瞬间，或者发现珍珠的体验，都在"完

---

⑥ 此处采用了上海三联版《布莱克诗集》张炽恒译文。

全不合适的时候"，哲学家索伦·克尔凯郭尔如是说。

总体而言，"时间……是永不停止的连续"，它是线性的，内部不存在任何阶级。

突然，你对时间的体验变了。连续不再是没有尽头的。这一秒没有带来第二秒。此刻同过去和未来并不对立。不，这不过是时间的流逝被取消了，或是"被终止的连续"，克尔凯郭尔这样说。时间停住不走了。

我从来不会因为读到这样的文字而情绪低落，但有些人可能会。不要因此感到低落。从阅读、感受和思考这种时刻中得到的快乐，与我在野外、在床上得到的体验相似。这就像年轻的时候，我觉得很多事情都非常特殊，可现在回头看却觉得普普通通。在某一刻，将世界关在门外，让内心的平静和安宁来掌控你。我想所有人或多或少都有过这种感受，尽管因由不同。我觉得，培育它是有价值的。

有时候，我会从山上带一块长满青苔的石头回家，让它静静地躺在厨房或是客厅的桌子上，使我记住那份体验。长得特别漂亮的石头会被我当成礼物送给别人。在我的办公室里，我也总是会摆放一块石头。

22

　　"写诗就是倾听，"约恩·福瑟说，"……并不是去创造，而是去寻找已经存在的东西——这就是为什么当我们阅读伟大的诗歌的时候会有一种'这个我早就知道，只是不知道自己知道的感觉'。"与维特根斯坦一样，福瑟也深受挪威西部环境的影响。当你在倾听的时候，就好像有人在对你说话，让你把它写下来。"语言会倾听自身。"所有不是从内部生发的东西都像是二手的信息，这是我读福瑟的感受。那些来自外部的东西都已经被讲过了。重要而独特的东西永远来自你的内心。

有一个先决条件是你"必须回到自己内在的宁静中去"。约恩·福瑟在西部、奥斯陆或维也纳郊区的乡村就是这么做的。我想，如果我们有更多自由的感受空间，生命本身就会变得更有力量一些。我感，我思，故我在。除了习惯给我们的指引，我们还受自己的感觉指引。我觉得这一点很容易被遗忘，因此，时常想想南森、赫尔贝里和福瑟这些人的话是有好处的。

23

　　你内在的无声的世界依旧是个谜。我觉得你也不该有别的期望。

　　哪怕世界上所有的科学谜题最终都被解开了，我想这依旧会是个谜。科学用数字和语言来解密。可安静，它总是新的。科学讲究的是沿着时间轴观察，必须可以事后验证。科学解释的是物质，那些被制造出来的东西，更准确地说，那些被制造出来、能被我们看到和感知的东西。可是，感知之外才是安静的所在。"一个人当然可以觉得只有被制造出来的东西才存在，只有物质才存在。如果是这样，诗歌、哲学或巴赫的音乐都不存在。"福瑟总结道。并不是只有诗歌、哲学和巴赫会因此消失。福瑟想到的还有你我。

　　别忘了，你所体验到的安静总会和别人体验到的有所不同。每个人都有属于自己的安静。

24

　　在音乐中，停顿是很自然的。听路德维希·凡·贝多芬的嗒、嗒、嗒、嗒……就像踏上了一段冒险之旅。但我最喜欢的是音符之间的停顿，乐器发出的声音间隙的安静，是那些部分让我保持清醒。

　　科学研究显示，乐符间的停顿引起了我们感受到的强烈积极的神经活动。我的感受也是如此。它们不仅仅是音符。贝多芬创造的突然的安静激活了我们的意识，在我们的脑袋里擦出了火花。他明白，当我们暴露在安静中的时候，我们的智慧和思考都会延伸。小号演奏家迈尔斯·戴维斯也深知这一点，因此将注意力集中于音符与音符的间隙。在音乐会上，音乐结束，掌声响起之前，总会有一个突然的停顿，感觉就像我们的大脑在换挡。

众所周知，贝多芬到最后完全失聪了，这解放了他深刻的原创性和自由的精神。他凭借仅仅存在于他脑海中的声音写下了第九交响曲。这部作品首演的时候，他背对着观众指挥乐团。直到演出结束，他转过身来，才知道观众是在鼓掌还是喝倒彩。观众不仅仅是在鼓掌，他们的热情和喝彩声过于激烈，最后警察都被叫来维持秩序。

不过，贝多芬后期创作的作品对当时的观众来说太超前了。他写的弦乐四重奏过于现代，当时舆论认为这是一个老人失心疯后的作品。可是，百年之后，当世界再次聆听这些作品的时候，它们被认为是大师的杰作。

作曲家约翰·凯奇做的《关于无事的演讲》启发了我。凯奇当时引用了另外一位作曲家克劳德·德彪西描述自己的工作模式的话："我会找出所有的音符，去掉那些我不想要的，再用上所有剩下的。"

因此，后来凯奇去掉了《四分三十三秒》中所有的音符，制造了四分三十三秒的安静。直到今天，观众仍旧喜爱这段安静。更确切地说，这段安静剔除了观众在努力保持安静的过程中发出的各种声音。

凯奇对于安静有很多深刻而智慧的看法，在Youtube上听听他的演讲是有好处的。但是我认为，在寻求你自身这个引人入胜的谜题的答案时，安静是一种现实的方式，它能帮助我们寻找新的角度，窥探隐藏在地平线之下的东西。

你可以通过下巴来听声音。发明家托马斯·爱迪生在完全失聪之后发明了留声机，也就是唱片机的前身，当时他必须俯下身，然后紧紧咬住设备边缘的木头。只有这样他才能通过下巴感受到振动。"我咬得越用力，就能越清楚地感觉到声音。"这不仅仅是他检查自己发明的方式，也是他享受音乐的唯一方式。

25

　　当前的音乐制作人和歌手经常被批评说他们的每首歌都充斥着大量的声音效果，没有安静的部分。我觉得这种批评误会了一些事情。

　　当我们进入MP3时代，重新灌录一些旧时金曲，大家都通过耳机听音乐，当然有很多安静的部分被去掉了。声音效果被损害了，听上去有些扁平。这也是黑胶听起来比较不一样的原因之一。它的声音有更多活力，更多变化。

其实安静依旧存在于音乐里，包括一些较新的录制作品，但这些年来它变得大声了一点。在做蕾哈娜的单曲《钻石》的时候，制作人是从安静开始的。不过，他们说，他们向来都是从安静开始的。先安静，然后再精心加入复杂的元素。第一个元素是最重要的，也最困难。如果在那之后，有太多乐器、想法和声音，这首歌想要成功就会更难一些。《钻石》这首歌就做得很好，使用的元素不多，可以证明，使用越少的元素，制作人最初的想法就表达得越清晰。

现在的流行音乐在前奏部分通常还是比较安静的，会花更长时间铺垫到所谓的高潮。到这里，鼓声和歌曲重要的主题就出来了。"我们如天空中的钻石。"过了一会儿又安静下来，然后再重复一遍。这就和我们在生活中一样，如果你想要说明一个重要的观点，在那之前及之后留出一段空白会比较明智。因为我们的大脑喜欢对比，在声音转换的时候会更专注，如果一直保持一个频率，我们就会发困。

如果你去一个有 DJ 放音乐的场子，在一到三小时里音乐会不断地起起伏伏。当音量增大时，就会产生更多能量，高亢的声音冲击着我的身体，让我感觉声音是有实体的，它在空气中传播，让整个场地开始颤动。声音是会移动的空气。为了表现低音，音箱的表面积需要很大，让更多空气能够流动，但高音就不需要音箱有那么大的表面积。

DJ 经常会在高潮来临之前填进去一两个空拍。这样的安静会制造出期待，期待有什么事情将要发生。另外一种方式则是反复快速播放相同的音符。关键就是在多与少之间形成对比。这每次都会奏效。

大脑活动的规律决定了它在音乐即将出现起伏的时候（先安静下来，之后突然出现一个声音；或者，跳舞的时候，你在等待音调或音量改变）会特别敏锐。感觉大脑似乎延展开来，我会好奇什么样的想法和念头会突然冒出来。另一方面，这种大脑活动会在音量变得平稳、可预测之后平静下来，大脑不再接受新的测试了。

26

　　高分贝的声音可以有很多表现方式，但我体验过的最古怪的尖叫并没有声音：那是爱德华·蒙克的作品《呐喊》。我在看这幅画的时候会变得很安静。我与画之间产生了一种可交流的安静。是的，我知道我不可能跳入画里，也无法将一只手搭在那个尖叫的人的右肩上，但我觉得自己成了画的一部分，感受到了呐喊的人的那种感受。

哲学家德尼·狄德罗认为，观赏有趣的艺术作品就像是一个失聪的人看见了一个关乎他熟悉的东西的无声的符号。这种说法虽然有点啰唆，但很准确。你仿佛成了聋人，站在那里，尝试着理解那些平放着或挂起来展示的东西。奇怪的是，哪怕是对像马克·罗斯科那样内敛的作品，这种说法依旧适用。那些巨大的、浓墨重彩的（通常是深色的）方形色块在某种程度上和《呐喊》是完全相反的。你看着它们，会感觉那仿佛是容纳了巨大能量的电池。罗斯科拒绝解释自己的作品，他说："安静是如此精确。"要是他能用语言来回应，他可能就会去写文章而不是画画了。

我不太确定是因为什么，但当你面对伟大的艺术作品的时候，你通常会变得安静，不由自主地小声说话，试着理解艺术家想要表达的东西。这让我想起南森对于星空的感受。

一件好的作品就像是一台会思考的机器，它反映出艺术家的理念、希望、情绪、失败、直觉，以及其他的体验和感受。我安静下来或许是因为在那一刻我感觉自己脱离了寻常的生活。有那么多东西是我无法理解和体会的，艺术告诉了我这一点。我变得更加敏锐，全心体会当下，将世界关在门外。如果我特别努力，甚至会产生和长时间滑雪或是吃到非常美味的东西相似的感觉。那个时候，我不再能把我和我在做的事情分开。

27

　　行为艺术家玛丽娜·阿布拉莫维奇将安静变成
了一种艺术形式。福瑟在写作中大量使用安静，而
阿布拉莫维奇的一些作品完全就是悄无声息的。她
使用安静的方式就像音乐家使用声音或是画家使用
画布一样。

　　二〇一〇年三月十四日到五月三十一日，她在
纽约现代艺术博物馆中坐了七百三十六个小时三十

分钟，与一千五百四十五个人对视，一句话也没说过。这个作品的名称叫《艺术家在场》。

刚开始的几天，阿布拉莫维奇坐在纽约现代艺术博物馆里，她听到的声音和我们所有人在一个人满为患的博物馆听到的没有区别。人来人往，低声交谈。几天之后，她能听到建筑外车辆开过的声音。几个星期之后，她能听到车辆轧过路上的窨井盖时发出的噔的一声。我在当代艺术博物馆里面没有这样的体验，但我体验过类似的感觉。在野外长途跋涉的时候，我会感觉感官功能增强了。或者，仅仅闭上眼睛，我的嗅觉和听觉就会变得更敏锐，如果捂住耳朵，视力会更好。

阿布拉莫维奇说，安静的对立面是运行着的大脑，也就是思考。如果你想找到安静，你必须停止思考。什么都不做。安静是一种工具，能够帮你逃离周围的世界。阿布拉莫维奇觉得，如果人们做到了这一点，就仿佛在大脑中制造了一场雪崩。当你将世界关在门外，空气中的电流会发生变化。它可以很长，也可以只有短短一秒。时间停住不走了，克尔凯郭尔说。

这听上去很简单，但事实并非如此。第一次走进荒野的时候，阿布拉莫维奇非常害怕。她体会到的并不是安静，虽然周围悄无声息，她唯一能听到的是自己的心脏将血流压送到全身各处的声音。

我寻求过绝对的宁静，但没有找到。我的一个朋友曾经把自己关在一个完全隔音的房间里，不但里面的声音传不出去，也听不到外面的声音。房间里静悄悄的。但确实如此吗？在那个房间里，他还是听到了声音。或许这些声音是他想象出来的，或许是他身体里血液循环的声音。我不清楚究竟是什么，但我想，绝对的安静可能更多是一个梦，而非现实。

混乱。这是阿布拉莫维奇描述自己在旷野中的体验时使用的词。虽然周围十分安静，但她的脑海中充斥着各种想法。即使身处安静之中，她也很难保持平静。记忆和思考在争夺她的注意力。她说，这是一种空虚的空，而她的目标是体会一种充实的空。这种空虚的空让她非常痛苦，至今谈论起来都觉得难受。

我也有这样的体验。大脑里充斥着难以抑制的想法，使得我无法将世界关在门外。阿布拉莫维奇想要体验当下，可她的思考却有关过去和未来。这是她必须跨越的障碍。能够创造安静有时可以说是一个小小的成就。我有时候会把那些散乱的想法写下来，用这种方式将它们从我的脑海中清空。之后我会看一下，有什么值得继续跟进，或只要记住就行。阿布拉莫维奇讲过，她尝试清空大脑的方式是用鼻子平稳地呼吸，这样就能控制住呼吸。"一切都和呼吸有关。"这样她就能达成自己的目标，体会到一种充实的空，达到"思想的宁静"。

28

有一首我烂熟于心的诗歌，是日本诗人松尾芭
蕉写的俳句：

古池塘
青蛙跳入水声响

读这首俳句的时候，我能在脑海中勾勒出那片

宁静的景色，青蛙几乎是无声地跳入水中，池塘中细微的水纹一圈圈荡漾开去。

另外一首俳句，是一个来自松岛的不知名的诗人写的，只有两个词："松岛呀。"我特别喜欢这首诗。诗人明确地对他看到的景色表示赞叹，无边的美景让他只能说出岛屿的名字，然后就沉默了。当语言无法描述真相或是现实的时候，就像维特根斯坦或是赫尔贝里说的那样，它只能退避。如果诗人开始描写他的感受，思考它们，把它们概念化，他的那些想法就会毁掉那首诗。一位禅宗大师这样形容一首不好的诗的开头："箭离开了弓，却没有朝着目标而去，同时目标也并非静止的……"诗人会在过多的语言中迷失自我。

两个人之间发生的一切，我们能看到的其实只是很小的一部分。表面之下才是真正的游戏。如果用声音来表现那些看不见的部分，估计会像塞尔维亚的铜管乐队那样喧闹。我经常能感觉到发生了些什么，但很少能真正理解。

去日本旅行的时候，我能更直观地体会到这种感觉。我不懂日语，但经常会和懂日语的人待在一起。对挪威人来说，沉默会让一场谈话中断。一个好的记者知道，一次采访中最精彩的部分通常出现在她合上电脑，对采访对象表示感谢的时候。可是，在日语里面，沉默仿佛是对话重要的组成部分。我花了很长时间看着两个人讲日语，我惊讶地发现，要恰当表达那些长长短短的停顿似乎和找到正确的单词一样困难。

那些停顿就像一座桥梁，对话的双方觉得他们身处河的两岸，而当他们再次开口的时候，他们已经到了河对岸。

这关乎为了安静而掌握安静。

29

　　在一段感情中，我时不时会想念安静。我喜欢
聊天，喜欢倾听，但我体验到的真正的亲密感通常
出现在我们有一段时间不说话的时候。如果没有这
样安静的亲密时刻，我们很难体会恋爱关系中的微
妙之处，达成对彼此的理解。谈话及其他的声音很
容易形成一种自卫机制，让我们逃避真相。没错，
当我希冀的一切都在我怀里的时候，语言就变得多

余。正如"赶时髦"乐队在歌里唱的：

　　一切我想要的
　　一切我需要的
　　都在我的怀里

　　就像他们接着唱的那样，在那种时候，语言只会造成伤害。这和司汤达在《论爱情》里说的一样，任何成功的关系中总存在疑问。这种疑问"让每一个瞬间都变得精彩，这就是幸福爱情的生命所在"。当你永远心怀恐惧，你就不会厌倦亲密关系中的愉悦。虽然听上去很残酷，但司汤达说的是对的。生命确实残酷。如果你将感情视作理所当然，那你已经站在危险的边缘。大多数人会觉得攀登珠穆朗玛峰是风险很高的事情，但其实大多数时候都是顺利的。可我却从不敢将两情相悦看作理所当然。
　　司汤达对幸福的定义是严肃的。对我来说，两个人能够安静地待在一起就是幸福。

聊天和听音乐能够打开一些门，但同样也会在触及核心问题的时候关闭那些门。如果你的伴侣在你沉默的时候不能理解你，那他也很难在你开口的时候理解你吧？我想是这样。诗人、作家和歌手已经写过无数人们相爱时会说的话。或许，你选择对他说的话，你精挑细选的表达，他早就听过了，而且很可能听过比这更动听的。神秘主义诗人鲁米曾经说过："现在我将沉默，让沉默来分辨什么是真相，什么是谎言……"

埃德·拉斯查
《两道光》 2005

30

　　二十多年前，心理学家阿瑟·阿伦让完全陌生的两个人在他的实验室里相爱。两个人在这里相遇，之前互不认识，但从他们事先填写的调查问卷中能看出他们有一些相似之处。他们被要求回答三十六个问题，例如："如果可以选择世界上的任何一个人，你想要邀请谁一起吃晚饭？"（问题一）；"轮流说出五个你们希望伴侣具有的优点。"（问题十七）——这里的重点是要仔细选择合适的词；"你最珍惜的一段回忆是什么？"（问题二十八）。问题三十六是……我建议你自己去找出来。

在回答完阿伦的问题之后，实验对象必须坐在那里直视对方的眼睛，在四分钟内一言不发。参加实验的两个人在六个月之后结婚了，他们邀请实验室所有人参加了婚礼。

二〇一五年《纽约时报》阅读量最大的文章之一是记者曼迪·朗·卡特龙写的。她在现实中测试了阿伦的理论。她最后的结论是，爱情不是自然发生的，这是一种行动。她用了一些听起来很美的陈词滥调来形容双方沉默对视的四分钟：

我曾经在陡峭的山坡上滑雪，差一点就掉下山崖，可是，在那四分钟里，无言地盯着另一个人的眼睛，是我经历过的最紧张、最可怕的事。刚开始的几分钟我还能正常呼吸。可最终太多紧张的微笑让我们都大笑起来。

　　我知道人们都说眼睛是心灵的窗口，但其实重要的不是我在看着他，而是我看到他也在看着我。当我认识到这一点并花了一点时间消化了它之后，我来到了一个意料之外的地方。

　　这些问题设计得很聪明。我试过，几乎像是催眠。你回答的时候，另外那个人也在听，你感觉你被理解了。她看着你，尊重你，已经不需要额外的介绍。当你终于坐下来和她面对面，盯着她的眼睛的时候——四分钟感觉非常漫长——似乎你们正在被对方吸引过去。

31

　　我学东西一向不快。小的时候，我有阅读障碍症，它让我直到二十岁才能准确说出阅读障碍症这个词。那些真正让我记住的体验是一些从小事中得到的乐趣，比如，深入南极冰原，曼哈顿的地下探险，去努尔马卡公园徒步，上班途中，坐在家里的椅子上。结束了一整天的工作，我饿得难以忍受，这时我会特别感激食物。我会倾听，并看到通常察觉不到的微妙细节。脑海中浮现出新的想法。抓到小鱼。小口小口地吃东西。

当你进入世界的时候，它就消失了。

去聆听就是去寻求新的可能性，新的挑战。你能阅读的最重要的书就是你自己。它是打开的。我开始理解为什么我小时候会那么喜欢蜗牛，它可以把家背在背上。我们也能把家背在背上——我们所拥有的，都在我们自身之中。

我经常被问到，穿越南极的时候遇到的最大困难是什么。对这一点，我从来没有过任何迟疑：走到南极点。重新开始说话。当我抵达目的地的时候，我最先听到的一句话是："你感觉怎么样？"我已经五十天没换过内衣，所以我说："和猪圈里的猪一样。"重新开始和人交谈其实比每天早上起床更困难。在旅途中几乎总是比抵达终点更令人满足。就像我们其实更喜欢打兔子的过程，而不是打到兔子。

32

　　我见过的大多数人都有够用九辈子的知识。世上没有一本小说讲的故事能比你曾经历过的更多。所以，深呼吸，理解安静和如何才能将世界关在门外并不难。这样浅显的知识，就像挪威诗人奥拉夫·H. 豪格写的那样，始终在你心里：

　　说到底，

没有比你心里

知道更多的了

　　哪条路通向安静？我想应该是通往野外的路吧。
把你的电子产品都留在家里，向着无人的荒地进发。
三个昼夜，独自一人。不和别人说话。慢慢地，你
就会重新找到自己的另外一面。

　　当然，重要的不是我相信什么，而是我们所有
人都能找到自己的路。你，我的三个孩子，我——
我们每个人都有自己的路。走你自己的路。其实找
到安静比很多人想的要容易。因为你所在的地方就
有安静。无论是教授、心理学家、帕斯卡尔、凯奇
或是像我这样的三个孩子的父亲，都无法用语言向
你解释清楚一切。自己去探索是一件令人愉快的事。
幸好这不是什么咒语。

　　虽然我自己时常远行，但我也知道，任何地方
都能找到安静。我们不过是需要抽身罢了。

33

参考资料来源

本书中引用的资料主要来源如下：我的亲身经历，我写下的东西、读过的书以及听说过的事情。

下面是我引用的资料：

第一部分

文中提到的这次演讲是由圣安德鲁斯的 **TEDx** 组织的，时间是二〇一五年四月二十六日，题目是"关于无的另一堂课"。

第二部分

1. 这一小节中引用的约恩·福瑟的话摘自我们的来往邮件。第二十二和二十三小节中引用的他的话来自《信仰之谜》（*Mysteriet i trua*），这是福瑟和埃斯基尔·谢尔达的谈话（Samlaget, 2015）。堂姐送给我的那本书是《无法形容的安静》（*Denne uforklarlege stille*, Buchkunst Kleinheinrich, Münster 2015）。

2. 海德格尔的话主要来自《存在与时间》（1927）。其余（如在第十五小节中）则来自他一九五三年发表的演讲《关于技术的问题》（挪威语译本由拉尔斯·奥尔姆－汉森翻译, Pax Forlag, Oslo 2007）以及网上的其他文章。我没有完整读过德文版的《存在与时间》。

6. 这一节中引用的诗句出自罗尔夫·雅各布森的《那之后的宁静》（*Stillheten Efterpå*），诗人有同名诗集出版（Gyldendal, Denmark, 1965）。

7. 本节中引用的有关金鱼的研究，我的资料来源主要是这篇文章：http://time.com/3858309/attention-spans-goldfish。

大卫·福斯特·华莱士的话来自：http://www.vulture.com/2009/03/will_david_foster_wallace.html。这是和他的最后一本书《苍白的国王》（*The Pale King*, Little, Brown,

2011）的手稿一起发现的。

帕斯卡尔的话来自他的《思想录》（*Pensées*）。我读的是挪威语版，译者是哈尔·比约恩斯塔（Pax Forlag，2007）。

8. 关于这一小节中提到的研究，有很多媒体报道。我主要依据的是这篇文章：www.eurekalert.org/pub_releases/2014-07/uov-dsi063014.php。

我也很高兴读了史蒂夫·泰勒的《回到理智》(*Back to Sanity*, Hay House, 2012)，以及奥利弗·伯克曼二〇一四年七月二十日在《卫报》上发表的文章：http://www.theguardian.com/lifeandstyle/2014/jul/19/change-your-life-sit-down-and-think。

9. 关于 Twitter 及其创始人对其产品的推测，这些想法来自我二〇一五年秋天在伦敦郊外和 Twitter 创始人之一埃文·威廉姆斯的谈话。

至于《纽约书评》上的那篇文章，作者是雅各布·韦斯伯格，文章名为《我们是无可救药的成瘾者》（*We*

are Hopelessly Hooked），发表于二〇一六年二月二十五日。

我在文中提到了两次驾船横渡大西洋的经历，跟我同行的还有豪克·瓦尔、阿尔内·塞格斯塔、莫滕·斯托德勒（莫滕只参与了向西的航行）。

10. "那些来来往往的日子"出自瑞典诗人斯蒂格·约翰松。塞涅卡的话出自他的《论生命之短暂》（*De Brevitate Vitae*）。

12. 拉尔斯·斯文森关于无聊的看法出自他的经典作品《无聊的哲学》（*Kjedsomhetens filosofi*, Universitetsforlaget, 1999），以及我在写作这本书期间与他的谈话。"体验的贫乏"这个短语，就我所知，最早是由一位德国哲学家马丁·德勒芒提出的。

13. 我是在戈登·汉普顿和约翰·格罗斯曼所著的《一平方英寸的安静：一个男人保住安静的追求》（*One Square Inch of Silence: One Man's Quest to Preserve Quiet*, Atria Books, 2010）中读到那些鸣禽的故事的，这本书参考了《新科学家》杂志二〇〇六年十二月那一期的文章，以及《分子生态学》杂志上的文章"鸟鸣与人为的噪声：对保护工作的意义及应用"（*Birdsong and Anthropogenic Noise: Implications and Applications for Conservation*）。

14. 这一小节提到的这个地方是"成长中心"，在丹麦。我自己没去过，但我读到过不少关于那里的报道，包括丹麦的《政治报》（*Politiken*）：http://politiken.dk/magasinet/feature/ece2881825/tag-en-pause-med-peter-hoeeg/。

我们是三个人一起步行穿过洛杉矶的：佩德·伦德、彼得·斯卡文兰和我。

17. 本小节中提到的奥利弗·萨克斯的散文《我的周期表》（*My Periodic Table*）曾在很多地方出版，我最早是在文集《感恩》（*Gratitude*, Picador, 2015）中读到它的。埃米莉·狄更生那几句话来自她的诗集《肮脏的心》，我读的是托恩·霍内博的译本（*Skitne lille hjerte*, Kolon, 1995）。

18. 我问过埃隆·马斯克和马克·洪科萨一些问题，

大部分是在二〇一六年初冬的洛杉矶，本小节中引用的他们俩的话以及其他相关资料均来自我与他们的谈话。

19. 这一小节中路德维希·维特根斯坦的引文，第一处是《逻辑哲学论》的最后一句话，第二处来自同一本书中的 4.1212，我读的是泰耶·奥德加德斯的挪威语译本（Gyldendal, Oslo 1999）。他感叹在肖伦工作之愉快的那句话摘自他一九三六年写的一封信，我是从维基百科上找到的。接下来那处引文来自罗伯特·L. 阿林顿和马克·阿迪斯编辑的文集《维特根斯坦和宗教哲学》（*Wittgenstein and the Philosophy of Religion*, Routledge, 2004）。最后一处引文来自尤瓦尔·卢里所著《追寻生命的意义：哲学之旅》（*Tracking the Meaning of Life: A Philosophical Journey*, University of Missouri, 2006），我读的是托雷·奥尔施塔德的挪威语译本。

20. 维特根斯坦的话来自克努特·奥拉夫·阿马斯和罗尔夫·拉森编辑的《安静的严肃》（*Det stille alvoret*, Samlaget, 1994）。

克劳斯·赫尔贝里的逸事是南极探险家赫尔曼·梅伦告诉我的，他跟赫尔贝里很熟，亲耳听后者说的。

21. 索伦·克尔凯郭尔的话引自埃托雷·罗卡的《克尔凯郭尔》（Gyldendal, 2015）。

25. 托尔·埃里克·赫尔曼森，"星门"音乐制作公司的两位成员之一，在二〇一六年夏天在奥斯陆跟我聊了安静、音乐、蕾哈娜的《钻石》（他们公司制作的），以及其他主题。米基·马基内和卡娅·努登根为本小节提供了进一步的信息。

26. 文中谈到艺术作品时，用了一个词"会思考的机器"，这个词很准确，但不是我原创的，是我从别的地方看到的。

27. 我有幸能在二〇一六年夏天向玛丽娜·阿布拉莫维奇请教几个问题。她那时在拉斯维加斯，她眼中"地球上最可怕的城市"，而我在奥斯陆。彼得·斯卡文兰当时也在拉斯维加斯，他替我进行了那次采访，向阿布拉莫维奇请教了我们商定的那些问题。本小节中引用的她的话就来自他们俩人那次谈话。

我那位进了隔音房间的朋友是作曲家亨里克·赫尔斯特尼乌斯。

28. 有一种说法，《松岛啊》是松尾芭蕉的作品，但没人能确定。此外，这首俳句是只有一行还是有三行也不清楚。三行版据说是这样：松岛啊／松岛啊啊／松岛啊啊啊。我不知道哪个更准确，但我个人更喜欢短的版本，一行，两个词。我读的挪威语版的译者是托雷·奥尔施塔德。

形容糟糕的诗歌开头的那位禅宗大师是铃木大拙。

29. 本节中司汤达的文字引自挪威语版《论爱情》（Gyldendal, 2005），译者是卡琳·贡德森。

30. 本节中那首关于爱情的诗可以在这儿找到：http://www.nytimes.com/2015/01/11/fashion/modern-love-to-fall-in-love-with-anyone-do-this.html。挪威语译者是托雷·奥尔施塔德。

致谢

我必须向以下各位致以衷心的感谢：

约阿基姆·博滕、卡特林·阿斯帕斯、约恩·福瑟、克里斯廷·约翰森、利夫·加迪、加比·格莱希曼、拉尔斯·斯文森、莫滕·法尔达斯、伊塞兰·顺巴、彼得·斯卡文兰、哈拉迪尔·厄恩·奥拉夫松、埃德·拉斯查、约瑟菲娜·勒肯、扬·谢尔施塔德、道格·艾特肯、埃伦德·索尔斯卡、拉尔斯·米廷、克努特·奥拉夫·阿马斯、M. M、奥德－芒努斯·威廉松、托尔·埃里克·赫尔曼森、卡娅·努登根、安妮·布里特·格拉纳斯、比约恩·弗雷德里克·德兰格舍特、阿斯拉克·诺尔、马赫－鲁克·阿里、玛丽·迪安、苏珊·布勒格、莱夫·奥韦·安德斯纳斯、阿斯纳·塞厄斯塔、安妮·戈塔克、亨里克·赫尔斯特尼乌斯、奥瑟·耶德鲁斯、米基·亨利、米歇尔·安德鲁斯、埃温·斯陶德·普拉托、谢尔·奥韦·斯托维克，以及斯特纳森出版社和卡格出版社。

图片版权说明

p.1   C-print, 50 x 37 1/2" © Catherine Opie,
                  Courtesy Regen Projects, Los Angeles

p.8   © Kjell Ove Storvik

pp.20-21   © Erling Kagge

pp.24   © NASA

p.28   Oil on canvas, 71-3/4 x 67-7/8"
                  © Ed Ruscha, courtesy of the artist

p.61   © Steve Duncan

p.70   Oil on canvas, 72 x 67" © Ed Ruscha,
                  courtesy of the artist

p.75   © Doug Aitken, courtesy of the artist

p.84   Acrylic on canvas, 30 x 64"
                  © Ed Ruscha, courtesy of the artist

p.88   © NASA

p.129   Acrylic on canvas, 36 x 67"
                  © Ed Ruscha, courtesy of the artist

pp.138-139   © Haraldur Örn Olafsson

p.152   C-print, 50 x 37 1/2" © Catherine Opie,
                  Courtesy Regen Projects, Los Angeles

图书在版编目（CIP）数据

安静 /（挪）艾林·卡格著；邹雯燕译 . — 长沙：湖南文艺出版社，2018.3
书名原文：Silence in the Age of Noise
ISBN 978-7-5404-8519-1

Ⅰ . ①安… Ⅱ . ①艾… ②邹… Ⅲ . ①散文集 — 挪威 — 现代 Ⅳ . ① I533.65
中国版本图书馆 CIP 数据核字（2018）第 017950 号

©中南博集天卷文化传媒有限公司。本书版权受法律保护。未经权利人许可，任何人不得以任何方式使用本书包括正文、插图、封面、版式等任何部分内容，违者将受到法律制裁。

著作权合同登记号：图字 18-2017-237

SILENCE IN THE AGE OF NOISE by Erling Kagge
Copyright ©2016 by Erling Kagge
Published in agreement with Stilton Literary Agency, through The Grayhawk Agency

上架建议：畅销·生活方式

ANJING
安静

著　　者：［挪］艾林·卡格
译　　者：邹雯燕
出 版 人：曾赛丰
责任编辑：薛　健　刘诗哲
监　　制：吴文娟
策划编辑：许韩茹
版权支持：辛　艳
营销支持：李茂繁
装帧设计：梁秋晨
出版发行：湖南文艺出版社
　　　　　（长沙市雨花区东二环一段 508 号　邮编：410014）
网　　址：www.hnwy.net
印　　刷：北京中科印刷有限公司
经　　销：新华书店
开　　本：880mm×1230mm　1/32
字　　数：53 千字
印　　张：5
版　　次：2018 年 3 月第 1 版
印　　次：2018 年 3 月第 1 次印刷
书　　号：ISBN 978-7-5404-8519-1
定　　价：39.00 元

若有质量问题，请致电质量监督电话：010-59096394
团购电话：010-59320018

凯瑟琳·奥佩
《日落》 2009

艾林・卡格在雪原上